Großmutters Weihnachtliche Backstube

Großmutters Weihnachtliche Backstube

garant

Vorwort

Weihnachten, das stimmungsvollste Fest des ganzen Jahres, wird traditionell im Kreis der Familie gefeiert. Romantische Dekoration und Lichterglanz, aber auch der Genuss von selbst gebackenen Köstlichkeiten gehören zu einer gemütlichen Kaffee- oder Teestunde, zu Glühwein und Punsch an dunklen Wintertagen.

Der Duft von Zimt, Nelken und den vielen exotischen Gewürzen verführt Hobbybäckerinnen und Hobbybäcker dazu, Weihnachtsgebäck in Eigenproduktion herzustellen. Bereits im November beginnen die Vorbereitungen, um die ersten Lebkuchen, Zimtsterne und Stollen in der eigenen Backstube herzustellen.

Besonders Kinder sind mit Begeisterung dabei, wenn sie helfen dürfen, knusprige Plätzchen und lustig verzierte Honigkuchen zu backen. Gerade beim Dekorieren entwickeln Kinder eine blühende Fantasie und es entstehen wahre Kunstwerke, die anschließend mit viel Spaß geknabbert werden.

Obwohl es bereits ab September die ersten Lebkuchen oder Plätzchen in den Geschäften zu kaufen gibt, sollten Sie an der Tradition festhalten und selbst gebackenes Weihnachtsgebäck ganz nach Ihrem eigenen Geschmack auf den Tisch zaubern. Rezepte für Weihnachtsgebäck werden oft von Generation zu Generation weitervererbt. Jeder Haushalt hat seine Lieblingsrezepte, die auf keinem bunten Teller fehlen dürfen.

Viele Plätzchensorten können schon einige Wochen vor dem Weihnachtsfest gebacken werden, da sie erst durch längeres Liegen ihren köstlichen Geschmack entfalten.

Gerade Lebkuchen und Stollen entwickeln ihr besonderes Aroma erst nach einigen Wochen, Plätzchen aus Mürbeteig oder Makronen werden nach 1–2 Wochen weich und aromatisch.

Wenn es einmal schnell gehen soll, dann können Sie aus einem Grundteig, den Sie mit verschiedenen Geschmackszutaten abwandeln, mehrere Sorten zaubern und je nach Geschmack verzieren. Mürbeteig, Rührteig und Makronenteig sind hierzu bestens geeignet.

In Cellophantütchen oder Folie verpackt, mit Bändern und Tannenzweigen verziert, ist Weihnachtsgebäck aus der eigenen Backstube ein willkommenes Mitbringsel, wenn Sie bei Freunden eingeladen sind. Lebkuchen oder Mürbeteigplätzchen werden zu hübschen Tischkarten, wenn Sie die Namen der Gäste mit Zuckerschrift auftragen und zum Kaffee- oder Teegedeck legen.

Mit der vorliegenden Rezeptauswahl möchten wir Sie dazu animieren, einfaches oder raffiniertes Weihnachtsgebäck nachzubacken. Die Rezepte sind kinderleicht und schon mit wenigen Zutaten können Sie einen bildschönen, köstlichen Plätzchenteller zusammenstellen.

Probieren Sie die köstlichen Bäckereien nach Herzenslust aus und verwöhnen Sie Ihre Familie und Gäste mit den duftenden Leckereien. Bei der Auswahl der Rezepte, beim Backen und Dekorieren, vor allem aber beim Genießen wünschen wir Ihnen viel Vergnügen.

Ihre Redaktion

Tipps und Tricks für köstliches Weihnachtsgebäck

Damit Weihnachtsgebäck aus der eigenen Backstube wirklich gelingt, sollten Sie einige Grundregeln beim Einkauf der Backzutaten und bei der Zubereitung beachten. Nach der richtigen Vorbereitung ist das Backen selbst ein Kinderspiel. Vor dem Einkauf der Zutaten ist es zweckmäßig, eine Einkaufsliste zu erstellen, damit bei Backbeginn alles vorhanden ist, was benötigt wird. Die verschiedenen Geräte und Backformen werden bereitgestellt und alle Zutaten abgewogen.

Damit das Backen Spaß macht, benötigt man das richtige Handwerkszeug. Wenige Helfer genügen, um Gebäck aller Art in der eigenen Backstube herzustellen.

Eine gut geeichte Küchenwaage und ein Messbecher mit genauer Skala sind unentbehrlich zum Abwiegen oder Abmessen der Zutaten. Auf den modernen Digitalwaagen wird das Gewicht exakt angezeigt. Eine gute Waage sollte das Gewicht auf 5 g genau wiegen und bis zu 5 kg tragen können. Messbecher sind nicht so exakt wie eine Waage, zum Abmessen von Flüssigkeiten jedoch nötig. Der Messbecher sollte durchsichtig und geeicht sein.

Ein elektrisches Rührgerät mit zwei Rührbesen und zwei Knethaken gehört heute zur Grundausstattung in der Küche. Mit ihm können zarte und schwere Teige gerührt und geknetet, Eischnee und Sahne geschlagen werden.

Verschieden große Rührschüsseln werden für die Teigherstellung, zum Schlagen von Sahne und Eischnee gebraucht. Sie sollten aus Kunststoff oder Metall sein und einen glatten, abgerundeten Boden haben. Ein Gummiring am Boden der Schüssel verhindert das Abrutschen während des Rührens.

Ob Sie Rührlöffel aus Holz oder Kunststoff, mit oder ohne Loch verwenden, bleibt Ihnen überlassen. Wichtig ist nur, dass sie leicht zu reinigen sind. Mit einem Teigschaber oder Gummispatel lässt sich der Teig gut aus der Schüssel oder von der Arbeitsfläche lösen und in der Form oder auf dem Blech glatt streichen. Teigschaber können aus Metall oder Kunststoff sein. Gummispatel sind an einer Seite abgerundet, damit man den Teig sauber aus der Schüssel entnehmen kann. Zum Ausrollen von festen Teigen dient eine Teigrolle, die aus Holz, Kunststoff oder Porzellan sein kann. Backbleche gehören zur Standardausrüstung des Backofens und sind je nach Fabrikat aus Schwarz- oder Weißblech. Backbleche fettet man aus oder belegt sie mit Backpapier, das mehrmals verwendet werden kann.

Ausstechförmchen findet man im Handel in den interessantesten Variationen. Sterne, Monde, Herzen, Blüten und Tierfiguren, hier bleiben keine Wünsche offen. Mit Förmchen aus Metall lassen sich die Motive exakter ausstechen als mit Kunststoffförmchen. Da sie meist aus Weißblech gefertigt sind, dürfen sie nicht in der Spülmaschine gereinigt werden.

Zum Auskühlen wird das Gebäck auf ein Kuchengitter gelegt. Es kann rechteckig oder rund, aus Metall oder Kunststoff sein. Weitere Hilfsmittel, die das Backen erleichtern, sind z. B. feinmaschige Siebe zum Lockern von Mehl, Kakao und Puderzucker, zum Durchpassieren oder zum Bestäuben von Backwerk. Auf einer feinen Reibe können die Schalen von Zitrusfrüchten oder Schokolade gerieben werden.

Beim Kauf von Backpinseln, die zum Einfetten von Backformen, zum Bestreichen des Teiges und zum Glasieren verwendet werden, sollte man unbedingt auf erstklassige Qualität achten. Billige Pinsel verlieren meist schon nach kürzester Zeit die Borsten.

Zum Aufbewahren der gebackenen Schätze sind Blechdosen, Plastikdosen, Porzellan-, Steingut- oder Glasbehälter und Gefrierbeutel geeignet. Das Gebäck muss vor dem Verpacken vollständig ausgekühlt sein, Glasuren lässt man gründlich trocknen, damit das Gebäck später nicht zusammenklebt. Bei glasiertem oder dekoriertem Gebäck ist es zweckmäßig, zwischen jede Lage ein Stück Pergamentpapier zu legen. Das Weihnachtsgebäck wird in den gut verschlossenen Behältern kühl und trocken – vor allem aber sicher vor Naschkatzen – aufbewahrt.

Wichtige Zutaten für die Weihnachtsbäckerei

Je nach Rezept können Sie Weizenmehl oder Vollkornmehl verwenden. Mehl ist in verschiedene Mehltypen eingeteilt. Sie geben den Mineralstoffgehalt des Mehles an. Je höher die Mehltypen sind, umso mehr Mineralstoffe befinden sich noch im Mehl. Weizenmehle sind eingeteilt in die Typen 405, 550, 630, 812 oder 1050. Feines Weizenmehl der Type 405 wird hauptsächlich für feines Gebäck verwendet. Roggenmehl ist als Typen 997, 1150, 1350 und 1370 im Handel.

Zucker wird aus Zuckerrüben oder Zuckerrohr gewonnen und als Kristall-, Puder-, Würfel-, Kandis- oder Hutzucker angeboten. Zum Backen ist feiner Kristall- oder Puderzucker am besten geeignet, da er sich im Teig am schnellsten auflöst. Als Alternative für gewürzte Teige kann der hochwertige, braune Rohzucker verwendet werden.

Bienenhonig ist ein Aromaträger für Honigkuchen oder Lebkuchen. Er verleiht dem Gebäck ein unvergleichliches Aroma. Kunsthonig ist eine honigähnliche Masse, die aus Invertzucker hergestellt und mit Honigaroma angereichert wird. Er kann anstelle von Honig verwendet werden. Honig oder Kunsthonig wird vor dem Gebrauch leicht erwärmt und verflüssigt, damit er sich leichter verarbeiten lässt. Honiggebäck ist nach dem Backen hart, es muss vor dem Verzehr einige Zeit offen gelagert werden.

Backpulver, das bekannteste Treibmittel, ist ein Gemisch aus Natron und einem Säureträger, die im Teig Kohlensäure entwickeln. Weinstein-Backpulver ist aus Weinstein, Natron und Kartoffelstärke zusammengesetzt. Backpulver lockert Quarkstollen, Rührteig und Mürbeteig.

Pottasche (Kaliumkarbonat) ist ein weißes, körniges, geruchloses Salz, das in Verbindung mit Säure (z. B. Milchsäure) eine fließende Teiglockerung bewirkt. Man verwendet es als Treibmittel für Lebkuchen- und Honigteige.

Hirschhornsalz (Ammoniumkarbonat), auch Ammonium genannt, ist ein chemisches Treibmittel. Es setzt bei Temperaturen über 60 °C Ammoniak und Kohlendioxyd frei und lässt schwere Teige für Honig- oder Lebkuchen gut aufgehen.

Natron wirkt wie Brausepulver und wird ebenfalls als Treibmittel verwendet. Man löst das weiße Pulver in etwas säuerlicher Flüssigkeit wie z. B. Milch, Buttermilch oder Essig auf und mischt es kurz vor dem Backen unter die trockenen Zutaten.

Einleitung

Hefe wird für Stollen oder Kleingebäck benötigt. Beim Einkauf ist darauf zu achten, dass die Hefe frisch ist, keine angetrockneten Ränder und keine dunklen Flecken aufweist. Frischhefe sollte nach dem Einkauf rasch verbraucht werden, damit die Treibkraft gewährleistet ist. Zur Vorratshaltung ist Trockenhefe sehr gut geeignet, sie wird nicht angerührt, sondern gleich mit den übrigen Zutaten vermischt.

Fett macht das Gebäck zart und locker. Einen besonders feinen Geschmack verleiht ihm frische Süßrahmbutter. Gute Pflanzenmargarine kann anstelle von Butter für viele Teigsorten ebenso eingesetzt werden. Bei der Herstellung von Mürbeteig ist es besonders wichtig, dass Butter oder Margarine sehr kalt sind. Man gibt sie immer in kleinen Flöckchen auf das Mehl. Damit sich der Teig anschließend gut verarbeiten lässt, wickelt man ihn in Klarsichtfolie und lässt ihn im Kühlschrank mindestens eine Stunde ruhen.

Eier sind ein natürliches Lockerungsmittel für Teige aller Art. Sie sind in verschiedenen Güte- und Gewichtsklassen erhältlich. Zum Backen sind Eier der Größe M (ca. 60–65 g) am besten geeignet. Soll Eiweiß zu Eischnee geschlagen werden, muss es sehr sorgfältig vom Eigelb getrennt werden, denn schon die geringste Spur Eigelb bewirkt, dass der Schnee nicht fest wird. Zum Aufschlagen gibt man das Eiweiß in eine absolut fettfreie, gekühlte, hohe Rührschüssel und fügt einige Tropfen Zitronensaft oder eine Prise Salz hinzu. Bleibt im Eischnee ein Messerschnitt sichtbar, so hat er die richtige Konsistenz. Eischnee muss nach dem Schlagen sofort verarbeitet werden.

Haselnüsse, Walnüsse und Mandeln werden für viele Gebäcksorten benötigt. Da sie sehr fetthaltig sind, werden sie sehr schnell ranzig, man kauft nur solche Mengen, die man in kurzer Zeit verbraucht. Am besten nimmt man die ganzen Nüsse und mahlt sie erst kurz vor dem Verbrauch. Haselnüsse bekommen ein besonders feines Aroma, wenn man sie im Backofen kurz röstet. Mandeln lassen sich leicht schälen, wenn man sie mit kochendem Wasser überbrüht, kurz stehen lässt und anschließend die Schalen mit den Fingern abstreift. Nachdem sie getrocknet sind, können die geschälten Mandeln gemahlen oder zum Garnieren verwendet werden.

Aus dem fein geraspelten Fruchtfleisch der Kokosnuss werden Kokosflocken oder Kokosraspel gewonnen. Wie Nüsse oder Mandeln sind sie wegen ihres hohen Fettgehaltes nur begrenzt lagerfähig. Sie werden getrocknet im Handel angeboten und sollten rasch verbraucht werden.

Marzipan wird als Rohmasse in Würfeln verkauft. Es ist eine Grundzutat für Stollen, Makronenmasse, Füllungen und Konfekt. Marzipan kann mit gesiebtem Puderzucker angewirkt und mit Speisefarben eingefärbt werden und bietet viele Möglichkeiten zum Garnieren von Gebäck. Angewirktes Marzipan ist eine ausgezeichnete Modelliermasse für Rosen oder Figuren.

Nougat wird aus gerösteten, fein gemahlenen Nüssen oder Mandeln, Zucker und Kakao hergestellt. Es wird geschmolzen oder klein geschnitten dem Teig hinzugefügt und für Füllungen von Kuchen oder zum Zusammensetzen von Plätzchen verwendet.

Die Grundmasse aller Schokoladenerzeugnisse ist das Kakaopulver, das aus den Samen des Kakaobaumes, den Kakaobohnen, gewonnen wird. Die Samen werden getrocknet, geröstet, geschält und vermahlen. Anschließend wird dem Kakaopulver das Fett, die so genannte Kakaobutter, entzogen. Kakaopulver ist eine wichtige Backzutat. Es wird gesiebt und mit den trockenen Backzutaten vermischt. Mit Kakaopulver lässt sich Puderzuckerglasur dunkel einfärben.

Für die Weihnachtsbackstube eignet sich besonders Kuvertüre, die aus Kakaomasse, Kakaobutter und Zucker hergestellt wird. Kuvertüre kann gerieben oder fein gehackt unter den Teig gemischt oder geschmolzen zum Überziehen und Verzieren des fertigen Gebäcks verwendet werden. Selbstverständlich können auch Zartbitter- oder Vollmilchschokolade in feinem Gebäck verarbeitet werden. Zum Glasieren gibt es im Handel Schokoladenglasuren, die man im Wasserbad erwärmt und die den Plätzchen und Kuchen einen wunderbaren Glanz verleihen.

Die Schalen von Zitrusfrüchten, verschiedene Obstsorten, wie z. B. Ananas oder Kirschen, aber auch Ingwerwurzeln werden in einer starken Zuckerlösung so lange gekocht, bis sie ganz vom Zucker durchzogen sind. Diese kandierten Früchte aromatisieren Stollen, Kuchen und Kleingebäck. Sie können fein gehackt unter den Teig gerührt oder geknetet werden und dienen zum Verzieren von Gebäck.

Für Früchtebrote und verschiedene Kleingebäcke verwendet man sehr gerne Trockenobst, das auch unter dem Namen Back- oder Dörrobst geschwefelt oder ungeschwefelt im Handel ist. Trockenobst ist sehr gesund, es enthält viele Ballaststoffe, Vitamine der B-Gruppe, Calcium, Eisen und Mineralien. Trockenobst ist auch bei kühler Lagerung nur begrenzt haltbar, deshalb sollte man es nur in kleinen Mengen kaufen und in luftdichten Gläsern aufbewahren. Zu den bekanntesten Trockenobstsorten zählen Feigen, Datteln, Aprikosen, Ananas, Birnen, Äpfel und Pflaumen.

Zum Trockenobst gehören auch Rosinen, Sultaninen und Korinthen. Für die Herstellung von Korinthen werden kleine, süße Trauben ohne Zusatz von Schwefeldioxyd getrocknet. Sultaninen stammen ursprünglich aus der Türkei, sie werden jetzt aber auch in vielen anderen Ländern, hauptsächlich in Australien, hergestellt. Rosinen sind nicht so aromatisch und saftig wie Sultaninen, zum Backen jedoch gut geeignet. Vor dem Backen müssen die Beeren sorgfältig verlesen, gewaschen und getrocknet werden. Ein besonders feines Aroma erhält Gebäck, wenn man Rosinen und Sultaninen vor dem Backen einige Zeit in Rum oder andere Schnäpse einlegt.

Als Unterlage für Makronen dienen Backoblaten, die es in verschiedenen Größen, in rund oder eckig zu kaufen gibt. Sie verhindern das Ankleben des Teiges auf dem Blech und halten das Gebäck lange saftig und frisch. Backoblaten sind hauchdünn und werden aus Weizenmehl, Stärke und Wasser gebacken. Sie sind geschmacksneutral und halten bei trockener, kühler Lagerung mehrere Jahre.

Das A und O in der Weihnachtsbäckerei sind die herrlich duftenden Gewürze und Backaromen, die das Gebäck auf unnachahmliche Weise verfeinern.

Zu den teuersten Gewürzen gehört die Vanille. Sie wird aus den Schoten einer Kletterorchidee gewonnen. Vanilleschoten sind zwar sehr teuer, sie können jedoch mehrmals benutzt werden. Man schneidet sie mit einem scharfen Messer der Länge nach auf, schabt das Mark heraus und mischt es unter den Teig. Die Schoten legt man in ein gut verschließbares Glas und vermischt sie mit Zucker, so erhält man einen wunderbaren Vanillezucker. Echter Vanillezucker aus dem Handel ist zwar etwas teurer, man sollte ihn jedoch dem synthetisch hergestellten Vanillinzucker vorziehen.

Zimt ist als Stangenzimt oder Zimtpulver erhältlich. Er ist feinwürzig, mild im Geschmack und gehört zu den Standardgewürzen in der Backstube und in der Küche. Zimtstangen sind nur schwer zu mahlen, deshalb kauft man für Gebäck bereits gemahlenen Zimt. Er behält in gut verschließbaren, dunklen Gläsern sein Aroma über längere Zeit.

Gewürznelken stammen aus Südostasien. Es sind die getrockneten Blütenknospen einer immergrünen, duftenden Myrtenart. Sie sind nicht nur ein herrliches Backgewürz, durch ihre antiseptischen und konservierenden Eigenschaften werden sie auch zu Heilzwecken eingesetzt. Ganze Gewürznelken sind sehr hart und lassen sich nur schwer vermahlen, deshalb kauft man zum Backen gemahlenes Nelkenpulver und bewahrt es dunkel und gut verschlossen auf.

Anis ist ein beliebtes Gewürz für Kuchen und Plätzchen. Er ist reich an ätherischen Ölen, die sich leicht verflüchtigen, deshalb kauft man Anis nur in kleinen Mengen, möglichst im Ganzen, und zerreibt sie kurz vor dem Backen im Mörser. Da Anis einen sehr dominanten Geschmack hat, sollte er nicht in Verbindung mit anderen Gewürzen in einem Gebäck verwendet werden.

Schon eine Prise gemahlener Kardamom verleiht dem Weihnachtsgebäck einen raffinierten Pfiff. Das scharfe Gewürz stammt aus Südostasien und wird gemahlen oder als ganze Samen verkauft.

Marmelade, Konfitüre oder Gelee, ob gekauft oder selbst zubereitet, sind ein wichtiger Bestandteil in der Weihnachtsbäckerei. Man benötigt sie zum Zusammenkleben von Plätzchen, zum Füllen oder zum Aprikotieren von Gebäck. Geeignet sind alle festen Marmeladen oder Gelees. Man streicht die Marmelade vor dem Gebrauch durch ein feines Sieb, um Kerne und Fruchtstückchen zu entfernen, die passierte Marmelade lässt sich auf dem Gebäck außerdem besser verstreichen. Einen besonders feinen Geschmack verleihen Himbeer-, Johannisbeer- oder Zitrusmarmeladen den Backwaren. Aber natürlich können Sie alle Sorten verwenden, die Ihnen am besten schmecken.

Frohe
Weihnachten

Herrliche Weihnachts-bäckerei

ORANGENPLÄTZCHEN

FÜR 35–40 STÜCK:

Für den Teig:
375 g Mehl, 125 g Zucker
2 Päckchen Orangenzucker
3 Eigelb, 250 g Butter

Außerdem:
125 g Puderzucker
1–2 TL Wasser
gehackte Pistazien und feine Orangenschalenstreifen zum Bestreuen

1. Das gesiebte Mehl mit dem Zucker und dem Orangenzucker auf eine Arbeitsfläche geben und eine Mulde eindrücken.

2. Die Eigelbe hineingleiten lassen, die Butter in Flöckchen an den Rand setzen und die Zutaten rasch zu einem glatten Teig verarbeiten.

3. Den Teig in Frischhaltefolie wickeln und im Kühlschrank eine Stunde ruhen lassen.

4. Anschließend kurz durchkneten und auf einer bemehlten Arbeitsfläche 4–5 mm dick ausrollen.

5. Aus dem Teig runde Plätzchen mit gewelltem Rand ausstechen, auf ein mit Backpapier ausgelegtes Backblech setzen und in dem auf 180–200 °C vorgeheizten Backofen 10–12 Minuten backen.

6. Die Plätzchen aus dem Ofen nehmen und auf einem Kuchengitter erkalten lassen.

7. Den Puderzucker mit Wasser zu einem dicken, aber streichfähigen Guss verrühren und die Plätzchen damit überziehen.

8. Mit gehackten Pistazien und feinen Orangenschalenstreifen bestreuen, den Guss vollständig trocknen lassen und die Plätzchen bis zum Verzehr in einer Plätzchendose aufbewahren.

Gewürzspekulatius

Für 35–40 Stück:

Für den Teig:
220 g Mehl
130 g brauner Zucker
40 g sehr feine Biskuitbrösel
30 g gemahlene Mandeln
1 Prise Spekulatiusgewürz
1 Msp. Natron
1 Prise Salz
1 Eigelb
20 ml Wasser
220 g Butter

Außerdem:
Milch zum Bestreichen
Mandelblättchen zum Bestreuen

1. Das gesiebte Mehl mit dem Zucker, den Biskuitbröseln, den gemahlenen Mandeln, dem Spekulatiusgewürz, dem Natron und dem Salz auf eine Arbeitsfläche geben und eine Mulde in die Mitte drücken.

2. Das Eigelb hineingleiten lassen, das Wasser hinzufügen, die Butter in Flöckchen an den Rand setzen und die Zutaten zu einem glatten Teig verkneten.

3. Den Teig in Frischhaltefolie wickeln und im Kühlschrank eine Stunde ruhen lassen.

4. Den Teig nochmals kurz durchkneten, auf einer bemehlten Arbeitsfläche dünn ausrollen und 3 cm große Kreise mit gewelltem Rand ausstechen.

5. Die Kreise auf ein mit Backpapier ausgelegtes Backblech setzen, mit Milch bestreichen, mit Mandelblättchen bestreuen und in dem auf 180–200 °C vorgeheizten Backofen 5–6 Minuten goldgelb backen.

6. Die Gewürzspekulatius auf einem Kuchengitter erkalten lassen und bis zum Verzehr in einer Plätzchendose aufbewahren.

Berner Nusstäschchen

Für ca. 45 Stück:

Für den Teig:
300 g Mehl
225 g Zucker
1 Päckchen Vanillezucker
1 Ei
200 g Butter oder Margarine

Für die Füllung:
50 g Walnusskerne
50 g Haselnusskerne
50 ml süße Sahne
50 g Honig
1 Eiweiß
1 Eigelb
2 EL Sahne
Schokoladenspritzglasur zum Garnieren

1. Das Mehl auf eine Arbeitsfläche sieben, den Zucker und den Vanillezucker darunter mischen, eine Mulde eindrücken und das Ei hineingeben.

2. Die Butter in Flöckchen auf das Mehl setzen und das Ganze mit bemehlten Händen schnell von außen nach innen zu einem glatten, kompakten Teig verkneten. In ein feuchtes Küchentuch wickeln und im Kühlschrank mindestens eine Stunde ruhen lassen.

3. Für die Füllung die Walnuss- und Haselnusskerne fein hacken, mit der Sahne und dem Honig in einen Topf geben und unter ständigem Rühren kurz erhitzen. Vom Herd nehmen und bereitstellen.

4. Den Teig auf einer bemehlten Arbeitsfläche 1/2 cm dick ausrollen und Kreise ausstechen.

5. Die Nussmasse gleichmäßig auf den Kreisen verteilen. Das Eiweiß in einer Schüssel verschlagen und die Teigränder damit bestreichen.

6. Die Plätzchen zusammenklappen und die Ränder gut festdrücken. Die Plätzchen auf ein mit Backpapier ausgelegtes Backblech setzen.

7. Das Eigelb mit der Sahne verrühren und die Plätzchen damit bestreichen. Im auf 180–200 °C vorgeheizten Backofen 10–12 Minuten backen.

8. Nach Ende der Backzeit die Berner Nusstäschchen herausnehmen, vollständig erkalten lassen, mit Schokoladenspritzglasur überziehen, trocknen lassen und bis zum Verzehr in einer Plätzchendose kühl aufbewahren.

Schoko-Gewürz-Sterne

Für 40–50 Stück:

Für die Sterne:
175 g Mehl
1 Prise Salz, 2 Eigelb
20 g Sauerrahm
150 g Butter oder Margarine

Für die Schoko-Gewürz-Kugeln:
2 Eiweiß
75 g Zucker
150 g gemahlene Haselnüsse
10 g Kakaopulver
1 Msp. gemahlener Ingwer
1 Msp. Nelkenpulver
1 Msp. gemahlener Sternanis
1 Msp. gemahlener Kardamom
1 Prise Muskat

Außerdem:
Puderzucker und Kakaopulver zum Bestäuben

1. Das Mehl mit dem Salz auf eine Arbeitsfläche sieben, eine Mulde in die Mitte drücken und die Eigelbe sowie den Sauerrahm hineingeben.

2. Die Butter in Flöckchen an den Rand setzen und das Ganze zu einem glatten Teig verkneten.

3. In Frischhaltefolie wickeln und im Kühlschrank eine Stunde ruhen lassen. Anschließend nochmals kurz durchkneten und auf einer bemehlten Arbeitsfläche dünn ausrollen.

4. Aus dem Teig 4–5 cm große Sterne ausstechen und auf ein mit Backpapier ausgelegtes Backblech setzen.

5. Die Eiweiße steif schlagen und dabei den Zucker einrieseln lassen.

6. Die Haselnüsse mit dem Kakaopulver und den Gewürzen vermischen und unterheben.

7. Die Masse in einen Spritzbeutel mit glatter Tülle füllen und gleichmäßige Kugeln auf die Sterne spritzen.

8. Die Schoko-Gewürz-Sterne im auf 180–200 °C vorgeheizten Backofen 15–18 Minuten backen, herausnehmen und auf einem Kuchengitter erkalten lassen.

9. Die Sterne je nach Geschmack mit Puderzucker und Kakaopulver bestäuben und bis zum Verzehr in einer Plätzchendose aufbewahren.

EIERLIKÖRTALER

FÜR 35–40 STÜCK:

Für den Biskuit:
3 Eiweiß
1 Prise Salz
50 g Zucker
2 Eigelb
60 g Weizenmehl
30 g Speisestärke
1 gestr. TL Backpulver
1 EL Eierlikör

Für die Füllung:
80 g weiße Kuvertüre
20 g Butter
4 cl Eierlikör

Außerdem:
100 g Halbbitterkuvertüre

1. Die Eiweiße mit dem Salz steif schlagen und den Zucker nach und nach einrieseln lassen, die Eigelbe unterrühren.

2. Das Mehl mit der Speisestärke und dem Backpulver vermischen, darüber sieben und unterheben.

3. Die Masse mit dem Eierlikör aromatisieren und in einen Spritzbeutel mit Lochtülle (ca. 12 mm Ø) füllen.

4. Die Masse gleichmäßig auf ein mit Backpapier ausgelegtes Backblech spritzen und im auf 180 °C vorgeheizten Backofen 8–10 Minuten backen.

5. Die Taler vom Backpapier lösen und auf einem Kuchengitter erkalten lassen.

6. Die Kuvertüre klein hacken und im Wasserbad schmelzen, die Butter und den Eierlikör dazugeben und das Ganze zu einer geschmeidigen Masse verrühren.

7. Die Schokoladenmasse in eine Rührschüssel füllen und eine Stunde kalt stellen. Anschließend mit den Rührbesen des Handrührgeräts auf höchster Stufe cremig aufschlagen.

8. Jeweils zwei Taler mit der Creme zusammensetzen und die Creme fest werden lassen.

9. Die Halbbitterkuvertüre im heißen Wasserbad schmelzen und die Taler zur Hälfte eintauchen.

10. Die Kuvertüre vollständig trocknen lassen und die Eierlikörtaler bis zum Verzehr in einer Plätzchendose aufbewahren.

Johannistaler

Für 20–24 Stück:

Für den Teig:
250 g Weizenmehl
2 gestr. TL Backpulver
100 g Zucker
1 Päckchen Vanillezucker
1 Ei
125 g Butter

Für den hellen Guss:
200 g Puderzucker
4 EL Amaretto

Für den roten Guss:
75 g Puderzucker
1 EL Johannisbeerlikör

Außerdem:
1/2 Glas Johannisbeergelee

1. Das gesiebte Weizenmehl mit dem Backpulver, dem Zucker und dem Vanillezucker in einer Schüssel gut vermischen.

2. Das Ei und die in Flöckchen zerpflückte Butter darauf geben und mit dem Handrührgerät zunächst kurz auf niedrigster Stufe, anschließend auf höchster Stufe gut durcharbeiten.

3. Den Teig auf einer Arbeitsfläche verkneten. In ein sauberes Küchentuch wickeln und im Kühlschrank mindestens eine Stunde ruhen lassen.

4. Den Teig auf einer bemehlten Arbeitsfläche 1/2–1 cm dick ausrollen und Plätzchen ausstechen. Aus der Hälfte der Plätzchen in der Mitte ein Loch ausstechen.

5. Die Plätzchen auf ein mit Backpapier ausgelegtes Backblech setzen und im auf 180–200 °C vorgeheizten Backofen ca. 10 Minuten backen.

6. Die Plätzchen aus dem Ofen nehmen und erkalten lassen.

7. Für den hellen Guss den gesiebten Puderzucker mit dem Amaretto in einer Schüssel mit dem Schneebesen glatt rühren.

8. Für den roten Guss den gesiebten Puderzucker mit dem Johannisbeergelee in einer Schüssel glatt rühren. Das Johannisbeergelee in einem Topf leicht erwärmen.

9. Die Plätzchen ohne Loch mit dem Johannisbeergelee bestreichen, mit den Ringen abdecken.

10. Die Johannistaler mit dem weißen Guss überziehen. Den roten Guss in einen Spritzbeutel füllen und Kreise aufspritzen. Mit einer Nadel zu Sternen verziehen.

11. In die Mitte je einen Klecks Johannisbeergelee füllen. Die Plätzchen vollständig trocknen lassen und bis zum Verzehr in einer Plätzchendose aufbewahren.

Erdnuss-Toffee-Würfel

Für 30 Stück:

Für den Teig:
200 g Mehl
100 g gemahlene Erdnüsse
125 g Zucker
1 Ei
150 g Butter oder Margarine

Für den Belag:
500 ml Sahne
300 g Krümel-Kandiszucker
50 g Butter
5-6 EL Whisky-Creme-Likör
200 g ungesalzene, geschälte und gehackte Erdnüsse

1. Das gesiebte Mehl mit den gemahlenen Erdnüssen, dem Zucker, dem Ei und der Butter oder Margarine zu einem glatten Teig verkneten.

2. Den Teig in Frischhaltefolie wickeln und im Kühlschrank eine Stunde ruhen lassen.

3. Den Teig nochmals kurz durchkneten, auf einer bemehlten Arbeitsfläche zu einem 35 x 20 cm großen Rechteck ausrollen und auf ein Backblech legen.

4. Den Teig mit einer Gabel mehrmals einstechen, nach Bedarf mit einem eckigen Backrahmen umschließen und im auf 180 °C vorgeheizten Backofen etwa 12 Minuten goldgelb backen.

5. Den fertigen Boden herausnehmen und erkalten lassen.

6. Die Sahne mit dem Krümel-Kandiszucker, der Butter, dem Likör und den gehackten Nüssen in einen Topf geben und bei kleiner Hitze unter ständigem Rühren einkochen lassen, bis die Masse dickflüssig und hellbraun ist.

7. Die Masse auf den Mürbeteig streichen, nach dem Abkühlen in Würfel schneiden und bis zum Verzehr in einer Plätzchendose aufbewahren.

Schokoherzen

Für 35–40 Stück:

Für den Teig:
200 g Mehl
1 Ei
75 g Butter
75 g Zucker
1 gehäufter TL Kakaopulver
1 Päckchen Vanillezucker
1/2 TL Zimt

Außerdem:
100 g Aprikosenmarmelade
1 Packung Schokoladenglasur (Fertigprodukt)

1. Das Mehl auf eine Arbeitsfläche sieben, eine Mulde eindrücken und das Ei hineingeben.

2. Die Butter in Flöckchen auf das Mehl setzen, den Zucker, den gesiebten Kakao, den Vanillezucker und den Zimt darüber streuen.

3. Die Zutaten mit bemehlten Händen von außen nach innen schnell zu einem glatten, kompakten Teig verkneten. Den Teig in Klarsichtfolie wickeln und im Kühlschrank mindestens eine Stunde ruhen lassen.

4. Den Teig auf einer bemehlten Arbeitsfläche ausrollen und Herzen ausstechen.

5. Die Herzen im auf 180 °C vorgeheizten Backofen 10–12 Minuten backen, herausnehmen, mit der erhitzten, durch ein Sieb gestrichenen Aprikosenmarmelade aprikotieren und die Herzen auf einem Kuchengitter erkalten lassen.

6. Die Schokoladenglasur nach Packungsanweisung zubereiten und die Herzen zur Hälfte in die Glasur tauchen.

7. Die Schokoherzen auf einem Kuchengitter trocknen lassen und bis zum Verzehr in einer Plätzchendose aufbewahren.

Orangenmonde mit Marzipanfüllung

Für 40–50 Stück:

Für den Teig:
250 g Mehl
100 g geschälte, gemahlene Mandeln
150 g Zucker
1 Päckchen Orangenzucker
1 Prise Salz
50 g sehr fein gehacktes Orangeat
1 Ei
2 EL Orangensaft
150 g weiche Butter

Für die Füllung:
400 g Marzipanrohmasse
1 EL Puderzucker
2 EL Blutorangenlikör
100 g Orangenkonfitüre

Außerdem:
200 g Puderzucker
3–4 EL Orangensaft
Orangeat zum Bestreuen

1. Das gesiebte Mehl mit den Mandeln, dem Zucker, dem Orangenzucker, dem Salz und dem sehr fein gehackten Orangeat vermischen.

2. Das Ei, den Orangensaft und die weiche Butter dazugeben und die Zutaten schnell zu einem glatten Teig verkneten.

3. Den Teig in Frischhaltefolie wickeln und im Kühlschrank ein bis zwei Stunden ruhen lassen. Anschließend kurz durchkneten und auf einer bemehlten Arbeitsfläche 3–5 mm dick ausrollen.

4. Aus dem Teig 3–4 cm große Monde ausstechen und diese auf ein mit Backpapier ausgelegtes Backblech setzen.

5. Im auf 180 °C vorgeheizten Backofen 5–7 Minuten backen, herausnehmen und auf einem Kuchengitter erkalten lassen.

6. Die Marzipanrohmasse mit dem Puderzucker und dem Blutorangenlikör verkneten, zwischen zwei Lagen Frischhaltefolie 1/2 cm dick ausrollen und 40–50 Monde ausstechen.

7. Die Orangenkonfitüre erhitzen, durch ein Sieb streichen und die Hälfte der Plätzchen damit bestreichen. Je einen Marzipanmond darauf legen und mit einem zweiten Plätzchen abdecken.

8. Den Puderzucker mit Orangensaft zu einem zähen, aber streichfähigen Guss verrühren und die Orangenmonde damit überziehen.

9. Die Orangenmonde mit klein gehacktem Orangeat bestreuen und den Guss vollständig trocknen lassen. Die Plätzchen bis zum Verzehr in einer geeigneten Dose aufbewahren.

Sesam-Pistazien-Kringel

Für 45–50 Stück:

Für den Teig:
150 g weiße Schokolade
200 g weiche Butter oder Margarine
70 g Zucker
2–3 EL Orangenlikör
125 g Mehl
75 g Speisestärke
1/2 TL Backpulver
20 g Sesamsamen
20 g gehackte Pistazien

Außerdem:
grüne Belegkirschen zum Verzieren

1. Die Schokolade hacken und im Wasserbad schmelzen lassen.

2. Die Butter oder Margarine mit dem Zucker schaumig schlagen, den Orangenlikör und die flüssige Schokolade unterrühren.

3. Das Mehl mit der Speisestärke und dem Backpulver vermischen, darüber sieben und einrühren.

4. Den Teig in einen Spritzbeutel mit Sterntülle füllen und Kringel auf ein mit Backpapier ausgelegtes Backblech spritzen.

5. Die Kringel mit Sesamsamen und gehackten Pistazien bestreuen und im auf 180 °C vorgeheizten Backofen 8–10 Minuten backen.

6. Die fertigen Sesam-Pistazien-Kringel herausnehmen und auf einem Kuchengitter abkühlen lassen. Nach Geschmack mit geviertelten, grünen Belegkirschen garnieren und servieren oder bis zum Verzehr in einer geeigneten Dose aufbewahren.

MANDEL-APRIKOSEN-PLÄTZCHEN

FÜR 40–45 STÜCK:

1 Backmischung „Vanillekipferl“
150 g weiche Butter
1 Eigelb
einige Tropfen Bittermandelaroma
1 Päckchen Vanillezucker
1 Eiweiß
100 g gehackte Mandeln
100 g Aprikosenmarmelade

1. Aus der Backmischung, der Butter, dem Eigelb, dem Bittermandelaroma und dem Vanillezucker einen glatten Teig kneten.

2. Aus dem Teig etwa 2 1/2 cm große Bällchen formen und diese zuerst in dem verschlagenen Eiweiß, dann in den gehackten Mandeln wälzen.

3. Die Bällchen auf ein mit Backpapier ausgelegtes Backblech setzen und eine Mulde in die Mitte drücken.

4. Die Marmelade in die Mulde füllen und die Mandel-Aprikosen-Plätzchen im auf 200 °C vorgeheizten Backofen 10–12 Minuten backen.

5. Die Plätzchen herausnehmen, auf einem Kuchengitter erkalten lassen und bis zum Verzehr in einer geeigneten Dose aufbewahren.

Walnussküsschen

Für 40–50 Stück:

Für den Teig:
250 g Mehl
1 TL Backpulver
1 Ei
120 g Butter
70 g Zucker
1 TL Zimtpulver
1 Msp. Muskat
1 Prise Salz

Außerdem:
100 g Zartbitterkuvertüre
200 g Walnusshälften
Puderzucker zum Bestäuben

1. Das Mehl mit dem Backpulver vermischen, auf eine Arbeitsfläche sieben, eine Mulde eindrücken und das Ei hineingeben.

2. Die Butter in Flöckchen auf das Mehl setzen. Den Zucker, den Zimt, den Muskat und das Salz darüber streuen und die Zutaten mit bemehlten Händen von außen nach innen schnell zu einem glatten, kompakten Teig verkneten.

3. Den Teig in Klarsichtfolie wickeln und im Kühlschrank mindestens eine Stunde ruhen lassen.

4. Den Teig auf einer bemehlten Arbeitsfläche zu einer 3 cm dicken Rolle formen und 1 cm dicke Scheiben abschneiden. Die Scheiben zu Kugeln drehen und auf ein mit Backpapier ausgelegtes Backblech setzen.

5. Die Kugeln leicht andrücken und im auf 180 °C vorgeheizten Backofen 10–15 Minuten backen, herausnehmen und auf einem Kuchengitter erkalten lassen.

6. Die geraspelte Zartbitterkuvertüre im Wasserbad schmelzen, in einen kleinen Spritzbeutel füllen und Linien über die Küsschen ziehen. Mit Walnusshälften belegen, die Kuvertüre trocknen lassen und mit Puderzucker bestäuben. Die Walnussküsschen bis zum Verzehr in einer Plätzchendose aufbewahren.

Rumtörtchen

Für 20–25 Stück:

Für den Teig:
300 g Mehl
1/2 Päckchen Backpulver
100 g Zucker
1 Päckchen Vanillezucker
1 Ei
150 g Butter

Außerdem:
200 g Marzipanrohmasse
100 g Puderzucker

Für den Rumguss:
200 g Puderzucker
2 EL heißes Wasser
1 Fläschchen Rumaroma

Zum Verzieren:
20–25 geschälte Haselnüsse

1. Das gesiebte Mehl mit dem Backpulver, dem Zucker und dem Vanillezucker vermischen und auf eine Arbeitsfläche geben, eine Mulde eindrücken und das Ei hineingleiten lassen. Die Butter in Flöckchen an den Rand setzen und die Zutaten zu einem glatten Teig verkneten.

2. Den Teig in Frischhaltefolie wickeln und im Kühlschrank eine Stunde ruhen lassen. Anschließend nochmals kurz durchkneten, auf einer bemehlten Arbeitsfläche ausrollen und Kreise von 3 cm Ø ausstechen.

3. Auf ein mit Backpapier ausgelegtes Backblech setzen und im auf 180 °C vorgeheizten Backofen etwa 10 Minuten backen, herausnehmen und erkalten lassen.

4. Die Marzipanrohmasse mit dem Puderzucker verkneten, ausrollen und ebenfalls 3 cm große Kreise ausstechen. Je zwei Plätzchen mit einem Marzipankreis zusammensetzen.

5. Den Puderzucker mit dem heißen Wasser und dem Rumaroma glatt rühren und die Törtchen damit überziehen.

6. Je eine geschälte Haselnuss in die Mitte setzen, die Glasur vollständig trocknen lassen und die Rumtörtchen bis zum Verzehr in einer Plätzchendose aufbewahren.

Hildabrötchen

Für 30–35 Stück:

Für den Teig:
350 g Mehl, 1 Ei
200 g Butter
175 g Zucker
1 Päckchen Zitronenaroma

Außerdem:
200 g Himbeermarmelade
Puderzucker zum Bestäuben

1. Das Mehl auf eine Arbeitsfläche sieben, eine Mulde eindrücken und das Ei hineingeben.

2. Die Butter in Flöckchen auf das Mehl setzen, den Zucker und das Zitronenaroma darüber streuen und die Zutaten mit bemehlten Händen von außen nach innen schnell zu einem glatten, kompakten Teig verkneten.

3. Den Teig in Klarsichtfolie wickeln und im Kühlschrank mindestens eine Stunde ruhen lassen.

4. Den Teig auf einer bemehlten Arbeitsfläche ausrollen und runde Plätzchen ausstechen. Aus der Hälfte der Plätzchen in der Mitte ein Loch ausstechen.

5. Die Plätzchen auf ein mit Backpapier ausgelegtes Backblech setzen und im auf 180 °C vorgeheizten Backofen 10–15 Minuten backen.

6. Nach Ende der Backzeit die Plätzchen aus dem Ofen nehmen und auf einem Kuchengitter erkalten lassen.

7. Die Himbeermarmelade glatt rühren, die ganzen Plätzchen damit bestreichen und mit einem Plätzchenring abdecken.

8. Die Hildabrötchen mit Puderzucker bestäuben und bis zum Verzehr in einer Plätzchendose aufbewahren.

ORANGENKIPFERL

FÜR 65–70 STÜCK:

Für den Teig:
250 g Weizenmehl
100 g gemahlene Mandeln
125 g Honig, 1 Prise Salz
abgeriebene Schale von 1 Orange
30 g fein gehacktes Orangeat
200 g Butter

Außerdem:
Puderzucker zum Bestäuben

1. Das gesiebte Mehl mit den Mandeln vermischen, auf eine Arbeitsfläche geben und eine Mulde eindrücken.

2. Den Honig, das Salz, die abgeriebene Orangenschale und das fein gehackte Orangeat in die Mulde geben.

3. Die Butter in Flöckchen auf das Mehl setzen und die Zutaten mit bemehlten Händen von außen nach innen schnell zu einem glatten, kompakten Teig verkneten.

4. Den Teig zu Rollen formen, in Klarsichtfolie wickeln und im Kühlschrank mindestens eine Stunde ruhen lassen.

5. Von den Teigrollen etwa 1 cm dicke Scheiben abschneiden und diese zu Kipferln formen.

6. Die Orangenkipferl auf ein mit Backpapier ausgelegtes Backblech legen und im auf 180 °C vorgeheizten Backofen 15–20 Minuten lichtgelb backen.

7. Nach Ende der Backzeit die Orangenkipferl aus dem Ofen nehmen und auf einem Kuchengitter erkalten lassen. Mit Puderzucker bestäuben und bis zum Verzehr in einer Plätzchendose aufbewahren.

LIEBESBRIEFE

FÜR 24 STÜCK:

Für den Teig:
325 g Mehl
125 g Zucker
1 Ei
2 Eigelb
abgeriebene Schale
von 1/2 Zitrone
225 g Butter

Für die Füllung:
60 g Marzipanrohmasse
100 g gemahlene Walnüsse
1 Eigelb
1 TL Rum

Außerdem:
1 Eigelb
3–4 EL Puderzucker
einige Tropfen Zitronensaft
90 g Marzipanrohmasse
1 EL Puderzucker
Kakaopulver zum Bestäuben

1. Das gesiebte Mehl mit dem Zucker auf eine Arbeitsfläche geben, eine Mulde in die Mitte drücken, das Ei und die Eigelbe hineingleiten lassen. Die abgeriebene Zitronenschale darüber streuen und die Butter in Flöckchen an den Rand setzen.

2. Die Zutaten zu einem glatten Teig verkneten, in Frischhaltefolie wickeln und im Kühlschrank eine Stunde ruhen lassen. Anschließend herausnehmen, kurz durchkneten, auf einer bemehlten Arbeitsfläche ausrollen und in 24 Quadrate (8 x 8 cm) schneiden.

3. Die Marzipanrohmasse mit den gemahlenen Walnüssen, dem Eigelb und dem Rum vermischen und je einen Klecks in die Mitte der Teigquadrate setzen.

4. Die Ecken zur Mitte hin umschlagen, auf ein mit Backpapier ausgelegtes Backblech setzen und mit verquirltem Eigelb bestreichen. Im auf 180–200 °C vorgeheizten Backofen etwa 15 Minuten backen, herausnehmen und erkalten lassen.

5. Den Puderzucker mit etwas Zitronensaft zu einem streichfähigen Guss verrühren und die Liebesbriefe damit überziehen.

6. Die Marzipanrohmasse mit dem Puderzucker verkneten, ausrollen und 24 kleine Herzen ausstechen. Mit Kakaopulver bestäuben und auf die Liebesbriefe legen. Leicht andrücken und den Guss vollständig trocknen lassen.

7. Die Liebesbriefe bis zum Verzehr in einer geeigneten Dose aufbewahren.

Nusstaler

Für ca. 30 Stück:

250 g Mehl
50 g gemahlene Haselnüsse
100 g Diätsüße
1 Ei
1 Eiweiß
120 g Butter
100 g gehackte Haselnüsse

1. Das gesiebte Mehl mit den gemahlenen Haselnüssen, der Diätsüße, dem Ei, dem Eiweiß und der Butter verkneten und zu einem glatten Teig verarbeiten.

2. Den Teig in Frischhaltefolie wickeln und im Kühlschrank eine Stunde ruhen lassen. Anschließend zu einer Rolle von 3–4 cm Ø formen und 1/2 cm dicke Taler abschneiden.

3. Die Taler auf beiden Seiten mit gehackten Haselnüssen bestreuen, diesen leicht andrücken und die Taler auf ein mit Backpapier ausgelegtes Backblech setzen.

4. Im auf 180–200 °C vorgeheizten Backofen 10 Minuten backen, herausnehmen und auf einem Kuchengitter erkalten lassen.

5. Die Nusstaler bis zum Verzehr in einer Plätzchendose aufbewahren.

NOUGATRINGE

FÜR 40–50 STÜCK:

Für den Teig:
250 g weiche Butter oder Margarine
2 Eier
150 g Zucker
4 Päckchen Vanillezucker
1 Fläschchen Rumaroma
500 g Mehl
2 TL Backpulver

Außerdem:
75–100 g Nougat

1. Die Butter oder Margarine schaumig rühren, die Eier, den Zucker, den Vanillezucker und das Rumaroma dazugeben und das mit Backpulver vermischte, gesiebte Mehl unterkneten.

2. Den Teig in Frischhaltefolie wickeln und im Kühlschrank eine Stunde ruhen lassen.

3. Den Teig auf einer bemehlten Arbeitsfläche ausrollen und etwa 5 cm große Ringe ausstechen.

4. Die Ringe auf ein mit Backpapier ausgelegtes Backblech setzen und im auf 180–200 °C vorgeheizten Backofen 8–10 Minuten backen.

5. Das Nougat im heißen Wasserbad schmelzen und die fertigen Plätzchen zur Hälfte eintauchen. Auf ein Kuchengitter legen und trocknen lassen.

6. Die Nougatringe bis zum Verzehr in einer Plätzchendose kühl aufbewahren.

Mandel-Honig-Würfel

Für ca. 50 Stück:

Für den Teig:
250 g Butter
250 g brauner Zucker
1 Päckchen Vanillezucker
1 Prise Salz
1 Päckchen Orangenaroma
4 Eier, 250 g Weizenmehl
2 gestr. TL Backpulver
100 g geschälte, gemahlene Mandeln
Saft von 1 Orange

Außerdem:
100 ml Orangensaft
75 g flüssiger Honig
50 ml Orangenlikör
Schokoladenglasur (Fertigprodukt)
Orangenschalenstreifen und geschälte Mandeln zum Garnieren

1. Die Butter mit dem Zucker, dem Vanillezucker, dem Salz und dem Orangenaroma in eine Schüssel geben und schaumig schlagen.

2. Die Eier einzeln nach und nach kräftig unterrühren.

3. Das gesiebte Mehl mit dem Backpulver und den gemahlenen Mandeln vermischen und mit dem Orangensaft unter die Eicreme rühren.

4. Den Teig auf ein mit Backpapier ausgelegtes Backblech geben, glatt streichen und im auf 180 °C vorgeheizten Backofen 35–40 Minuten backen.

5. Nach Ende der Backzeit den Kuchen aus dem Ofen nehmen. Den Orangensaft mit dem Honig und dem Orangenlikör in einem Topf erhitzen und den noch warmen Kuchen damit bestreichen.

6. Den Kuchen erkalten lassen und anschließend in etwa 4 cm große Würfel schneiden.

7. Die Schokoladenglasur nach Packungsanweisung zubereiten und feine Muster auf die Mandel-Honig-Würfel zeichnen.

8. Mit Orangenschalenstreifen und geschälten Mandeln garnieren und die Glasur trocknen lassen.

9. Die Mandel-Honig-Würfel dekorativ anrichten und servieren oder bis zum Verzehr in einer Plätzchendose aufbewahren.

Sahnebrezeln

Für 40–45 Stück:

Für den Teig:
500 g Mehl
100 g Speisestärke
2 Eigelb
250 g Butter
150 g saure Sahne
125 g Zucker
10 g Hirschhornsalz
1 TL Wasser

Außerdem:
Eiweiß zum Bestreichen
Hagelzucker zum Bestreuen

1. Das Mehl mit der Speisestärke vermischen, auf eine Arbeitsfläche sieben, eine Mulde eindrücken und die Eigelbe hineingeben.

2. Die Butter und den Sauerrahm in Flöckchen auf das Mehl setzen und den Zucker darüber streuen.

3. Das Hirschhornsalz im Wasser auflösen und auf das Mehl träufeln.

4. Die Zutaten mit bemehlten Händen von außen nach innen schnell zu einem glatten, kompakten Teig verkneten. In Klarsichtfolie wickeln und im Kühlschrank mindestens eine Stunde ruhen lassen.

5. Den Teig auf einer bemehlten Arbeitsfläche nochmals kurz kneten und zu langen dünnen Rollen formen.

6. Etwa 8–10 cm lange Stücke abschneiden und diese zu Brezeln drehen. Mit leicht verschlagenem Eiweiß bestreichen und mit Hagelzucker bestreuen.

7. Die Sahnebrezeln auf ein mit Backpapier belegtes Backblech setzen und im auf 180 °C vorgeheizten Backofen 12–15 Minuten backen. Die Sahnebrezeln aus dem Ofen nehmen und auf einem Kuchengitter erkalten lassen.

8. Die Sahnebrezeln bis zum Verzehr in einer Plätzchendose aufbewahren.

Mini-Marzipanhörnchen

Für 35–40 Stück:

Für den Teig:
200 g Marzipanrohmasse
2 Eier
30 g Puderzucker
1 Päckchen Vanillezucker
5 Tropfen Bittermandelaroma
50 g Speisestärke
75–100 g Mandelblättchen

Außerdem:
Puderzucker zum Bestäuben

1. Die Marzipanrohmasse klein schneiden, in eine Schüssel geben und mit den Eiern, dem Puderzucker, dem Vanillezucker, dem Bittermandelaroma und der Speisestärke zu einer glatten Masse verarbeiten.

2. Die Marzipanmasse mit einem Teelöffel abstechen und auf den zerkleinerten Mandelblättchen zu Rollen formen. Zu Hörnchen biegen und diese auf ein mit Backpapier ausgelegtes Backblech setzen.

3. Die Marzipanhörnchen in dem auf 180 °C vorgeheizten Backofen 12–15 Minuten backen, herausnehmen und auf einem Kuchengitter erkalten lassen.

4. Die Marzipanhörnchen jeweils zur Hälfte mit Puderzucker bestäuben und bis zum Verzehr in einer Plätzchendose aufbewahren.

(ohne Abbildung)

Zimtkarten

Für 30–35 Stück:

Für den Teig:
125 g Butter oder Margarine
200 g Zucker
1 Prise Salz
2 Eier
280 g Mehl
80 g gemahlene Mandeln
4 TL Zimt
1/2 TL Nelkenpulver

Außerdem:
1 Eigelb
2 EL Sahne
50 g geschälte, halbierte Mandeln

1. Die Butter oder Margarine mit dem Zucker und dem Salz schaumig rühren. Die Eier einzeln einrühren.

2. Das gesiebte Mehl mit den gemahlenen Mandeln, dem Zimt und dem Nelkenpulver vermischen und die Hälfte davon in den Butterschaum einrühren, den Rest unterkneten.

3. Den Teig in Frischhaltefolie wickeln und im Kühlschrank eine Stunde ruhen lassen. Anschließend nochmals kurz durchkneten, auf einer bemehlten Arbeitsfläche ausrollen und 4 x 6 cm große Rechtecke ausradeln.

4. Die Zimtkarten auf ein mit Backpapier ausgelegtes Backblech setzen. Das Eigelb mit der Sahne verquirlen und die Zimtkarten damit bestreichen.

5. Mit den halbierten Mandeln belegen und im auf 180–200 °C vorgeheizten Backofen etwa 15 Minuten backen.

6. Die Zimtkarten aus dem Ofen nehmen, auf einem Kuchengitter erkalten lassen und bis zum Verzehr in einer Plätzchendose aufbewahren.

STREUSELPLÄTZCHEN

FÜR 30–35 STÜCK:

1 Packung Blätterteig (TK-Produkt)

Für die Streusel:
150 g Mehl
75 g Zucker
1 Päckchen Vanillezucker
1 TL Zimtpulver
75 g Butter
Puderzucker zum Bestäuben

1. Den Blätterteig auftauen lassen, auf eine bemehlte Arbeitsfläche legen, leicht auswellen und kleine Sterne oder andere Figuren ausstechen.

2. Die Plätzchen auf ein mit Wasser benetztes Backblech setzen.

3. Für die Streusel das gesiebte Mehl mit dem Zucker, dem Vanillezucker und dem Zimt in einer Schüssel vermischen.

4. Die Butter in Flöckchen darauf setzen und das Ganze mit bemehlten Händen zu Streuseln verarbeiten.

5. Die Streusel gleichmäßig auf den Plätzchen verteilen, leicht andrücken und im auf 180–200 °C vorgeheizten Backofen in 15–18 Minuten backen.

6. Die Streuselplätzchen aus dem Ofen nehmen, erkalten lassen, mit Puderzucker bestäuben und servieren.

Zimtkipferl

Für ca. 30–35 Stück:

Für den Teig:
200 g Mehl, 50 g Zucker
80 g gemahlene Haselnüsse
1 TL Zimt, 150 g Butter, 1 Ei
2 Tropfen Vanillearoma

Außerdem:
25 g Puderzucker
25 g Kristallzucker, 1 TL Zimt

1. Das gesiebte Mehl mit dem Zucker, den gemahlenen Haselnüssen und dem Zimt vermischen.

2. Die Butter, das Ei und das Vanillearoma dazugeben und das Ganze zu einem glatten Teig verarbeiten.

3. Den Teig in Frischhaltefolie wickeln und im Kühlschrank zwei Stunden ruhen lassen.

4. Den Teig herausnehmen und auf einer bemehlten Arbeitsfläche zu 1 cm dicken Rollen formen.

5. Von den Rollen 10 cm lange Stücke abschneiden und diese zu Hörnchen (Kipferln) biegen.

6. Die Kipferl auf ein mit Backpapier ausgelegtes Backblech legen und im auf 180 °C vorgeheizten Backofen 8–10 Minuten backen.

7. Den Puderzucker mit dem Kristallzucker und dem Zimt vermischen und die Kipferl sofort nach dem Backen darin wälzen. Anschließend auf ein Kuchengitter legen und erkalten lassen.

8. Die Zimtkipferl bis zum Verzehr in einer Plätzchendose aufbewahren.

Vanille-Cookies

Für 40–50 Stück:

Für den Teig:
150 g Butter
150 g Zucker
1 Vanilleschote
1 Päckchen Vanillezucker
3 Eier
1 Eigelb
150 g Mehl
100 g Speisestärke
2 gestr. TL Backpulver

Außerdem:
Puderzucker zum Bestäuben

1. Die Butter mit dem Zucker, dem ausgeschabten Vanillemark und dem Vanillezucker in eine Schüssel geben und schaumig schlagen.

2. Die Eier und das Eigelb einzeln nach und nach kräftig unterrühren.

3. Das Mehl mit der Speisestärke und dem Backpulver vermischen, über die Eicreme sieben und vorsichtig unterrühren.

4. Den Teig in einen Spritzbeutel mit großer Lochtülle füllen und Häufchen (4 cm Ø) auf ein mit Backpapier ausgelegtes Backblech spritzen.

5. Die Vanille-Cookies in dem auf 180 °C vorgeheizten Backofen 12–15 Minuten backen, herausnehmen und auf einem Kuchengitter erkalten lassen.

6. Die Vanille-Cookies mit Puderzucker bestäuben und bis zum Verzehr in einer Plätzchendose aufbewahren.

Walnussschäumchen

Für ca. 25 Stück:

Für den Teig:
2 Eiweiß
1 Prise Salz
150 g Puderzucker
1 Päckchen Vanillezucker
20 g Mehl
150 g gehackte Walnüsse

Außerdem:
ca. 25 Backoblaten (50 mm Durchmesser)
Walnusshälften zum Verzieren

1. Die Eiweiße mit dem Salz in eine Schüssel geben und stark schaumig schlagen.

2. Den gesiebten Puderzucker und den Vanillezucker einrieseln lassen und so lange schlagen, bis sich der Zucker aufgelöst hat.

3. Das gesiebte Mehl und die gehackten Walnüsse unter die Schaummasse heben.

4. Den Teig in einen Spritzbeutel mit Lochtülle füllen und Häufchen auf die Backoblaten spritzen.

5. Die Walnussschäumchen bei Umluft im auf 100 °C vorgeheizten Backofen etwa 60 Minuten mehr trocknen als backen.

6. Nach Ende der Backzeit die Walnussschäumchen aus dem Ofen nehmen, mit je einer Walnusshälfte verzieren und auf einem Kuchengitter erkalten lassen.

7. Die Walnussschäumchen bis zum Verzehr in einer Plätzchendose aufbewahren.

Linzer Stangen

Für 35–40 Stück:

Für den Teig:
300 g Mehl
175 g gemahlene Haselnüsse
200 g Zucker
1 TL Zimt
2 TL Kakao, 2 Eier
200 g Butter
1 EL Rum

Außerdem:
Johannisbeergelee
150 g Kuvertüre

1. Das gesiebte Mehl mit den Haselnüssen, dem Zucker, dem Zimt und dem Kakao vermischen, auf eine Arbeitsfläche geben, eine Mulde eindrücken und die Eier hineingeben.

2. Die Butter in Flöckchen auf das Mehl setzen, den Rum darüber träufeln und die Zutaten mit bemehlten Händen von außen nach innen schnell zu einem glatten, kompakten Teig verkneten.

3. Den Teig in Klarsichtfolie wickeln und im Kühlschrank mindestens eine Stunde ruhen lassen.

4. Den Teig auf einer bemehlten Arbeitsfläche nochmals kneten und zu einer 1 cm dicken Platte ausrollen.

5. Aus einem Teil des Teiges mit dem Messer 5 x 2 cm lange Streifen schneiden. Aus dem restlichen Teig gleich viele 4 x 1 cm lange Streifen schneiden.

6. Die Plätzchen auf ein mit Backpapier ausgelegtes Backblech legen und im auf 180 °C vorgeheizten Backofen 10–12 Minuten backen, herausnehmen und auf einem Kuchengitter erkalten lassen.

7. Die größeren Plätzchen mit dem erwärmten, glatt gerührten Johannisbeergelee bestreichen und mit den kleineren Plätzchen abdecken.

8. Die zerbröckelte Kuvertüre im Wasserbad schmelzen, die Linzer Stangen an beiden Enden in die Kuvertüre tauchen und auf Backpapier vollständig trocknen lassen.

9. Die Linzer Stangen bis zum Verzehr in einer Plätzchendose kühl aufbewahren.

Nougatplätzchen

Für 35–40 Stück:

Für den Teig:
200 g Mehl, 3 Eigelb
100 g Butter
75 g Puderzucker, 1 Prise Salz
2 EL Orangenlikör

Außerdem:
75 g Nougatmasse, 1 Eiweiß
Schokoladenglasur
(Fertigprodukt)
Schokoladenstreusel

1. Das Mehl auf eine Arbeitsfläche sieben, eine Mulde eindrücken und die Eigelbe hineingeben.

2. Die Butter in Flöckchen auf das Mehl setzen. Den gesiebten Puderzucker und das Salz darüber streuen, den Orangenlikör darauf träufeln und die Zutaten mit bemehlten Händen von außen nach innen schnell zu einem glatten, kompakten Teig verkneten.

3. Den Teig in Klarsichtfolie wickeln und im Kühlschrank mindestens eine Stunde ruhen lassen.

4. Den Teig auf einer bemehlten Arbeitsfläche etwa 3 mm dünn ausrollen und mit einem Teigrädchen Rauten (Seitenlänge etwa 4 cm) ausschneiden.

5. Die Hälfte der Rauten mit klein geschnittenem Nougat belegen, die Ränder mit etwas Eiweiß bestreichen und die restlichen Rauten darauf legen, die Ränder gut andrücken.

6. Die Nougatplätzchen auf ein mit Backpapier ausgelegtes Backblech legen und im auf 180 °C vorgeheizten Backofen 12–15 Minuten backen.

7. Nach Ende der Backzeit die Nougatplätzchen aus dem Ofen nehmen und auf einem Kuchengitter erkalten lassen.

8. Die Schokoladenglasur nach Packungsanweisung zubereiten und die Nougatplätzchen damit überziehen, mit Schokoladenstreuseln bestreuen und die Glasur vollständig trocknen lassen.

9. Die Nougatplätzchen bis zum Verzehr in einer Plätzchendose aufbewahren.

Haselnuss-Kokos-Riegel

Für 10–12 Stück:

150 g Vollmilchkuvertüre
50 ml Sahne
150 g geschälte, ganze Haselnüsse
50 g Kokosflocken
2 Backoblaten 122 x 202 mm
100 g Kakaoglasur
(Fertigprodukt)

1. Die geraspelte Kuvertüre mit der Sahne in einer feuerfesten Schüssel im Wasserbad auflösen.

2. Die Haselnüsse und die Kokosflocken unterrühren. Die Masse im Kühlschrank abkühlen lassen.

3. Die Masse auf eine Backoblate streichen, mit der zweiten Oblate abdecken und pressen.

4. Die Haselnuss-Kokos-Riegel im Kühlschrank vollständig fest werden lassen.

5. Die Kakaoglasur nach Packungsanweisung zubereiten. Die Oblatenplatten in Riegel schneiden, diese zur Hälfte in die Glasur tauchen, trocknen lassen und bis zum Verzehr kühl aufbewahren.

HONIGKUCHENSTIEFEL

FÜR CA. 10 STÜCK:

Für den Teig:
100 g Butter oder Margarine
250 g Honig, 125 g Zucker
1 EL Lebkuchengewürz Neunerlei
1 Prise Salz, 1 Ei
500 g Mehl, 1 TL Backpulver

Außerdem:
200 g Aprikosenmarmelade
bunte Zuckerstreusel
200 g Puderzucker
1 Eiweiß

1. Die Butter oder Margarine mit dem Honig und dem Zucker in einen Topf geben und unter Rühren so lange erhitzen, bis sich der Zucker vollständig gelöst hat.

2. Den Topf vom Herd nehmen, die Mischung in eine Schüssel füllen, das Lebkuchengewürz, das Salz und das Ei einrühren. Das gesiebte Mehl mit dem Backpulver vermischen und unter die Honigmasse kneten.

3. Den Teig bei Zimmertemperatur 3–4 Stunden stehen lassen, anschließend auf einer bemehlten Arbeitsfläche ausrollen und 12–14 cm große Stiefel ausstechen oder ausschneiden.

4. Die Stiefel auf ein mit Backpapier ausgelegtes Backblech setzen und im auf 200 °C vorgeheizten Backofen 12–15 Minuten backen.

5. Die Aprikosenmarmelade erhitzen und durch ein Sieb streichen.

6. Die Stiefel aus dem Ofen nehmen und sofort mit der Aprikosenmarmelade überziehen. Einige Stiefel mit dem Schaft und der Sohle in bunte Zuckerstreusel tauchen und auf einem Kuchengitter erkalten lassen, den Rest nur mit Aprikosenmarmelade überziehen und ebenfalls abkühlen lassen.

7. Den gesiebten Puderzucker mit dem Eiweiß glatt rühren und in einen Spritzbeutel mit kleiner Sterntülle füllen. Die aprikotierten Stiefel damit verzieren, mit einigen Zuckerstreuseln bestreuen und gut trocknen lassen.

Honig-Lebkuchenherzen

Für 30–35 Stück:

Für den Teig:
250 g Honig, 250 g Zucker, 2 Eier
1 Päckchen Lebkuchengewürz Neunerlei
2 EL Milch, 500 g Mehl
1 1/2 Päckchen Backpulver

Außerdem:
150 g Aprikosenmarmelade
halbierte, geschälte Mandeln, Belegkirschen und Pistazien zum Garnieren

1. Den Honig mit dem Zucker in einem Topf schmelzen, vom Herd nehmen, in eine Schüssel geben und abkühlen lassen.

2. Die Eier hinzufügen und schaumig schlagen. Das Lebkuchengewürz und die Milch untermischen.

3. Das Mehl mit dem Backpulver vermischen und auf eine Arbeitsfläche sieben.

4. Die Ei-Honig-Masse dazugeben und alles zu einem glatten Teig verkneten. Den Teig in Klarsichtfolie wickeln und 1–2 Stunden im Kühlschrank ruhen lassen.

5. Den Teig auf einer bemehlten Arbeitsfläche nicht zu dünn ausrollen und Herzen ausstechen, auf ein mit Backpapier ausgelegtes Backblech setzen und über Nacht trocknen lassen.

6. Anschließend im auf 180 °C vorgeheizten Backofen 15–20 Minuten backen, herausnehmen und auf einem Kuchengitter leicht abkühlen lassen.

7. Die Aprikosenmarmelade durch ein Sieb streichen und die Honig-Lebkuchenherzen damit überziehen.

8. Mit geschälten Mandeln, Belegkirschen und Pistazien garnieren. Die Honig-Lebkuchenherzen erst 1–2 Tage offen lagern, anschließend bis zum Verzehr in einer Plätzchendose aufbewahren.

Gefüllte Lebkuchen

Für 15–20 Stück:

Für den Teig:
3 Eier
250 g Zucker
Schale von 1/2 Zitrone
1/2 TL Kardamom
1 TL Zimtpulver
1 TL Nelkenpulver
50 g geriebene Mandeln
50 g fein gehacktes Zitronat
6 g Pottasche
1 EL Wasser
500 g Mehl

Für die Füllung:
100 g geriebene Mandeln
100 g Zucker
100 g Rosinen
100 g fein gehacktes Zitronat
100 g geriebene Zartbitterschokolade
1 EL Rosenwasser

Außerdem:
150 g Puderzucker
1 EL heißes Wasser
2 EL Arrak
gehackte Mandeln zum Bestreuen

1. Die Eier mit dem Zucker in eine Schüssel geben und weißschaumig schlagen.

2. Die Zitronenschale, die Gewürze, die geriebenen Mandeln und das fein gehackte Zitronat untermischen.

3. Die Pottasche in Wasser auflösen und zur Schaummasse geben. Das gesiebte Mehl dazugeben und die Zutaten zu einem glatten Teig verkneten.

4. Den Teig auf einer bemehlten Arbeitsfläche etwa 1/2 cm dick ausrollen und in zwei gleich große Teigplatten schneiden. Eine Teigplatte auf ein mit Backpapier ausgelegtes Backblech legen.

5. Für die Füllung die geriebenen Mandeln mit dem Zucker, den Rosinen, dem sehr fein gehackten Zitronat, der geriebenen Schokolade und dem Rosenwasser vermischen, auf die Teigplatte streichen, die zweite Teigplatte darüber legen und gut andrücken.

6. Den gefüllten Lebkuchen im auf 160–170 °C vorgeheizten Backofen 20–30 Minuten backen, herausnehmen und in etwa 8 x 5 cm große Rechtecke schneiden. Die Lebkuchen auf einem Kuchengitter leicht abkühlen lassen.

7. Inzwischen den gesiebten Puderzucker mit dem heißen Wasser und dem Arrak zu einem dickflüssigen Guss verrühren und die gefüllten Lebkuchen damit überziehen. Mit gehackten Mandeln bestreuen und den Guss vollständig trocknen lassen.

8. Die gefüllten Lebkuchen vollständig erkalten lassen und bis zum Verzehr in einer Plätzchendose aufbewahren.

PFÄLZER PFEFFERNÜSSE

FÜR 40–50 STÜCK:

Für den Teig:
3 Eier, 250 g Zucker
1–2 Tropfen Bittermandelaroma
250 g Mehl
1 Prise Zimt, 1 Prise Nelkenpulver
1 Prise Muskatblüte
1 Prise Pfeffer
1 Prise Hirschhornsalz
abgeriebene Schale von
1/2 Zitrone, 25 g Zitronat

Außerdem:
2–3 EL Puderzucker
einige Tropfen Zitronensaft
ganze Mandeln zum Belegen
Kakaopulver zum Bestäuben

1. Die Eier mit dem Zucker sehr schaumig schlagen und das Bittermandelaroma einrühren.

2. Das gesiebte Mehl mit dem Zimt, dem Nelkenpulver, der Muskatblüte, dem Pfeffer, dem Hirschhornsalz, der abgeriebenen Zitronenschale und dem sehr fein geschnittenen Zitronat vermischen und unter den Eischaum arbeiten.

3. Aus dem Teig kleine Kugeln formen, etwas flach drücken, auf ein mit Backpapier ausgelegtes Backblech setzen und zugedeckt über Nacht ruhen lassen.

4. Die Pfeffernüsse wenden und im auf 180 °C vorgeheizten Backofen etwa 15 Minuten backen, herausnehmen und auf einem Kuchengitter erkalten lassen.

5. Den Puderzucker mit dem Zitronensaft glatt rühren und die Pfeffernüsse damit überziehen. Mit geschälten oder ungeschälten Mandeln belegen und die Glasur vollständig trocknen lassen.

6. Einen Teil der Pfeffernüsse mit Kakaopulver bestäuben. Die Pfeffernüsse bis zum Verzehr in einer Plätzchendose aufbewahren.

SCHOKOLADENLEBKUCHEN

FÜR 15-20 STÜCK:

Für den Teig:
2 Eiweiß
1 Prise Salz
160 g Puderzucker
100 g geriebene Mandeln
50 g geriebene Zartbitterschokolade
50 g Rosinen
50 g Datteln
50 g Speisestärke
runde, große Oblaten (Ø 70 mm)

Für die Glasur:
200 g Zartbitterkuvertüre
weiße Schokoladenglasur (Fertigprodukt)

1. Die Eiweiße mit dem Salz steif schlagen, den gesiebten Puderzucker einrieseln lassen und dickschaumig aufschlagen.

2. Die Mandeln, die Zartbitterschokolade, die Rosinen und die fein gehackten Datteln zur Schaummasse geben. Die Speisestärke darüber sieben und alles vorsichtig unterheben.

3. Den Teig etwa 1 cm dick auf die Backoblaten streichen, auf ein Backblech setzen und im auf 160-170 °C vorgeheizten Backofen 15-20 Minuten backen, herausnehmen und auf einem Kuchengitter erkalten lassen.

4. Die Zartbitterkuvertüre raspeln, im Wasserbad schmelzen lassen und die Lebkuchen damit überziehen.

5. Die weiße Schokoladenglasur nach Packungsanweisung zubereiten und Muster auf die Schokoladenlebkuchen spritzen.

6. Die Glasur vollständig trocknen lassen und die Schokoladenlebkuchen bis zum Verzehr in einer Plätzchendose aufbewahren.

7. Damit die Schokoladenlebkuchen nicht zusammenkleben, sollten Sie zwischen jede Lage Pergamentpapier legen.

Brioche-Nikoläuse

Für 12–15 Stück:

Für den Teig:
250 g Weizenmehl
1/2 Würfel Frischhefe
1–2 EL lauwarme Milch
50 g Zucker
100 g weiche Butter
2 Eier
1 Prise Salz

Außerdem:
1 Eigelb zum Bestreichen
2–3 EL Aprikosenmarmelade
rot eingefärbte Kokosflocken
100 g Marzipanrohmasse
50 g Puderzucker
rote Speisefarbe
200 g Puderzucker
1 Eiweiß
24–30 Weinbeeren für die Augen
Puderzucker zum Bestäuben

1. Das Mehl in eine Schüssel sieben und eine Mulde eindrücken. Die Hefe hineinbröckeln, mit der lauwarmen Milch und dem Zucker verrühren und zugedeckt 15 Minuten gehen lassen.

2. Die weiche Butter, die Eier und das Salz dazugeben und das Ganze zu einem glatten Teig verkneten.

3. Den Teig zugedeckt an einem warmen Ort zur doppelten Menge aufgehen lassen, kurz durchkneten und jeweils die gleiche Menge große und kleine Kugeln formen.

4. Die großen Kugeln in Papierförmchen oder in die ausgefetteten Mulden eines Muffinblechs setzen, eine Vertiefung in die Mitte drücken, mit Eigelb bestreichen und die kleinen Kugeln darauf setzen.

5. Die Nikoläuse mit dem restlichen Eigelb bestreichen und noch 10 Minuten gehen lassen. Anschließend im auf 200–220 °C vorgeheizten Backofen etwa 20 Minuten backen, herausnehmen und sofort mit der glatt gestrichenen Aprikosenmarmelade überziehen.

6. Die rot eingefärbten Kokosflocken an den unteren Rand drücken und die Nikoläuse erkalten lassen.

7. Die Marzipanrohmasse mit dem Puderzucker verkneten und rot einfärben. Ausrollen, Kreise ausstechen und zu Mützen zusammendrehen. Die Mützen auf die Köpfe der Nikoläuse setzen und leicht andrücken.

8. Das restliche Marzipan nochmals zusammenkneten, nach Geschmack etwas „nachfärben“ und kleine Kugeln für die Nasen formen.

9. Den Puderzucker mit dem Eiweiß glatt rühren und in einen Spritzbeutel mit kleiner Sterntülle füllen. Auf jeden Nikolaus die Augen und den Bart aufspritzen, dann einen Bommel an das Ende der Zipfelmütze setzen und mit dem Rest den Mützenrand verzieren.

10. Die Weinbeeren als Augen und die Marzipankugeln als Nasen in die Gesichter setzen, die Nikoläuse mit Puderzucker bestäuben und servieren.

Kirsch-Mandel-Törtchen

Für 10–12 Stück:

Für den Teig:
100 g weiche Butter
80 g Zucker
250 g Marzipanrohmasse
1 Ei
2 Eigelb
1 Päckchen Zitronenaroma
1 Päckchen Vanillezucker
1 EL Mehl
Butter zum Ausfetten
Mandelblättchen zum Bestreuen
1 kleines Glas Kirschen

Außerdem:
Puderzucker zum Bestäuben
kandierte Angelikastängel und
Belegkirschen zum Garnieren

1. Die Butter mit dem Zucker und der in Würfel geschnittenen Marzipanrohmasse schaumig schlagen.

2. Das Ei und die Eigelbe kräftig unterrühren.

3. Das Zitronenaroma und den Vanillezucker untermischen.

4. Zum Schluss das Mehl darüber sieben und unterrühren.

5. Die Hälfte des Teiges in ausgefettete und mit leicht zerdrückten Mandelblättchen bestreute Herzförmchen füllen, je fünf gut abgetropfte Kirschen darauf legen und mit dem restlichen Teig abdecken.

6. Den Teig glatt streichen und im auf 190 °C vorgeheizten Backofen 20–25 Minuten backen. Nach der Hälfte der Backzeit die Törtchen mit Alufolie abdecken, damit sie nicht zu dunkel werden.

7. Nach Ende der Backzeit die Kirsch-Mandel-Törtchen aus dem Ofen nehmen und auf einem Kuchengitter erkalten lassen.

8. Mit Puderzucker bestäuben, mit klein geschnittener Angelika und halbierten Belegkirschen garnieren und die Kirsch-Mandel-Törtchen servieren.

Apfelkonfekt

Für 30–40 Stück:

8 säuerliche Äpfel
125 ml Apfelsaft
1 Zimtstange, einige Nelken
1 Anisstern

Außerdem:
150 g Karamellsirup
125 g geschälte, gehackte Mandeln
Saft von 1 Zitrone
1 TL Zimtpulver
12–16 Blatt weiße Gelatine
75 g Puderzucker
20 g Speisestärke
Mandeln zum Belegen

1. Die Äpfel schälen, entkernen, klein schneiden, mit dem Apfelsaft, der Zimtstange, den Nelken und dem Anisstern in einen Topf geben und weich kochen.

2. Die Apfelmasse durch ein Sieb in einen Topf streichen.

3. Den Karamellsirup, die Mandeln, den Zitronensaft und das Zimtpulver dazugeben und einmal aufkochen lassen.

4. Die gut gewässerte Gelatine in der Flüssigkeit vollständig auflösen.

5. Die Masse 2–3 cm hoch in eine Form füllen und im Kühlschrank fest werden lassen.

6. Den Puderzucker mit der Speisestärke vermischen. Das Apfelkonfekt in Würfel schneiden, mit der Puderzucker-Stärke-Mischung bestreuen, mit ungeschälten Mandeln garnieren und bis zum Verzehr kühl und trocken aufbewahren.

ROSA KOKOSKONFEKT

FÜR 30–35 STÜCK:

500 g Zucker
4 EL Honig
100 ml Wasser
300–350 g Kokosraspel
einige Tropfen rote Lebensmittelfarbe
Kokosraspel zum Wenden

1. Den Zucker mit dem Honig und dem Wasser in einem Topf sirupartig einkochen.

2. Die Kokosraspel einrühren und 2–3 Minuten sprudelnd kochen.

3. Die Masse mit einigen Tropfen roter Lebensmittelfarbe rosa einfärben.

4. Die Masse 1/2–1 cm dick auf eine Platte auftragen und glatt streichen.

5. Kurz vor dem Festwerden runde Plätzchen ausstechen und vollständig trocknen lassen.

6. Die Taler an den Rändern durch die Kokosraspel drehen und bis zum Verzehr kühl aufbewahren.

Quarkstollen mit Marzipan

Für 1 Stollen:

Für den Teig:
150 g Butter oder Margarine
250 g Magerquark
2 Eier
150 g Zucker
1 Päckchen Vanillezucker
2–3 Tropfen Bittermandelaroma
3 EL Rum
500 g Mehl
1 Päckchen Backpulver
1 TL Lebkuchengewürz neunerlei
100 g gemahlene Mandeln
150 g Orangeat

Für die Füllung:
50 g getrocknete Aprikosen
50 g Pistazienkerne
100 g Marzipanrohmasse
50 g Puderzucker
1 TL Vanillezucker

Außerdem:
150 g flüssige Butter zum Bestreichen
2 EL Zucker
2–3 EL Puderzucker
Getrocknete Aprikosen und ganze Pistazien zum Verzieren

1. Die Butter oder Margarine schmelzen und wieder abkühlen lassen. Den Quark mit den Eiern, dem Zucker, dem Vanillezucker, dem Bittermandelaroma und dem Rum aufschlagen.

2. Das gesiebte Mehl mit dem Backpulver und dem Lebkuchengewürz vermischen und unter den Quark kneten. Zum Schluss die Mandeln und das fein geschnittene Orangeat sowie die noch flüssige Butter dazugeben und alles zu einem glatten Teig verkneten.

3. Für die Füllung die getrockneten Aprikosen und die Pistazienkerne hacken. Die Marzipanrohmasse, den Puderzucker und den Vanillezucker dazugeben und das Ganze miteinander verkneten. Die Masse zu einer Rolle formen.

4. Den Quarkteig auf einer bemehlten Arbeitsfläche ausrollen, die Marzipanrolle in die Mitte legen und den Teig von einer Seite darüber schlagen.

5. Den restlichen Teig von der anderen Seite her nach innen schlagen und andrücken. Den Stollen auf ein mit Backpapier ausgelegtes Backblech setzen.

6. Ein etwa 80 cm langes Stück Alufolie zu einem 5 cm hohen Streifen falten und den Stollen damit umschließen. Die Enden mit einer großen Büroklammer oder etwas Ähnlichem festklemmen.

7. Den Stollen mit flüssiger Butter bestreichen und im auf 180 °C vorgeheizten Backofen 45–50 Minuten backen.

8. Den fertigen Stollen herausnehmen, den Alustreifen entfernen und den Stollen nochmals mit flüssiger Butter bestreichen.

9. Den Zucker mit dem Puderzucker vermischen, den Stollen dick damit bestreuen und erkalten lassen.

10. Den Stollen mit in Streifen geschnittenen getrockneten Aprikosen und ganzen Pistazienkernen ausgarnieren, in Stücke schneiden und servieren.

Pistazienstollen

Für 1 Stollen:

Für den Teig:
125 ml lauwarme Milch
1 Würfel Hefe, 100 g Zucker
500 g Mehl, 150 g Butter
abgeriebene Schale von 1 Zitrone
150 g Magerquark
2–3 Tropfen Bittermandelaroma

Für die Füllung:
150 g Marzipanrohmasse
100 g gemahlene Pistazien
4 EL Rum

Außerdem:
Fett für die Form
50 g zerlassene Butter
Puderzucker zum Bestäuben
gehackte Pistazien zum Bestreuen
Marzipanherzen nach Geschmack

1. Die lauwarme Milch in eine Schüssel geben, die Hefe hineinbröckeln und etwas Zucker einrühren. Zugedeckt an einem warmen Ort 15 Minuten gehen lassen.

2. Das Mehl mit dem restlichen Zucker, der Butter oder Margarine, der abgeriebenen Zitronenschale, dem Magerquark und dem Bittermandelaroma dazugeben und alles zu einem geschmeidigen Teig verkneten. Nach Bedarf noch etwas Mehl unterarbeiten und den Teig zugedeckt an einem warmen Ort eine Stunde gehen lassen.

3. In der Zwischenzeit die Marzipanrohmasse mit den gemahlenen Pistazien und dem Rum verkneten und auf eine Größe von 30 x 50 cm ausrollen.

4. Den Hefeteig auf die gleiche Größe ausrollen und mit der Marzipan-Pistazien-Platte belegen. Von beiden Seiten zur Mitte hin aufrollen, so dass ein 30 cm langer Stollen entsteht.

5. Eine 30 cm lange Kastenform gut ausfetten und den Stollen hineinlegen. Den Pistazienstollen in dem auf 175 °C vorgeheizten Backofen 60–70 Minuten backen, herausnehmen, auf ein Kuchengitter legen und sofort mit zerlassener Butter bestreichen.

6. Den Stollen erkalten lassen, mit Puderzucker bestäuben, mit gehackten Pistazien bestreuen und nach Geschmack mit Marzipanherzen belegen.

Quarkstollen aus dem Kasten

Für 1 Stollen:

Für den Teig:
100 g Rumrosinen, 50 g Zitronat
50 g Orangeat, 2 cl Rum
175 g Butter oder Margarine
200 g Speisequark, 125 g Zucker
1 Päckchen Vanillezucker
1 EL geriebene Zitronenschale
1 Prise Salz
1 EL Lebkuchengewürz, 1 Ei
300 g Mehl, 75 g Speisestärke
50 g fein gehackte Mandeln
50 g fein gehackte Haselnüsse
3 TL Backpulver
Fett zum Ausfetten

Zum Garnieren:
200 g Aprikosengelee
300 g Marzipanrohmasse
200 g Puderzucker
Zitronenglasur zum Bestreichen
Marzipanblüten zum Garnieren

1. Die Rumrosinen, das klein geschnittene Zitronat und Orangeat vermischen, mit Rum beträufeln und kurz ziehen lassen.

2. Für den Teig die flüssige Butter oder Margarine, den Speisequark, den Zucker, den Vanillezucker, die Zitronenschale, das Salz, das Lebkuchengewürz und das Ei in eine Schüssel geben und glatt rühren.

3. Das gesiebte Mehl mit der Speisestärke, den Mandeln, den Haselnüssen und dem Backpulver vermischen, zur Quarkmasse geben und das Ganze zu einem glatten Teig verarbeiten.

4. Eine Kastenform ausfetten, den Teig einfüllen, ein Backblech ausfetten und die Kastenform mit der offenen Seite nach unten auf das Backblech setzen.

5. Den Quarkstollen in dem auf 180–200 °C vorgeheizten Backofen 70–80 Minuten backen. Aus dem Ofen nehmen und erkalten lassen. Aus der Form lösen. Das Aprikosengelee erhitzen und den Stollen damit rundherum einstreichen.

6. Die Marzipanrohmasse mit dem Puderzucker anwirken und auf einer Arbeitsfläche dünn ausrollen. Den Quarkstollen damit einkleiden.

7. Die Zitronenglasur anrühren und den Quarkstollen damit hauchdünn bestreichen. Mit Marzipanblüten ausgarnieren, vollständig abtrocknen lassen und zum Verzehr bereitstellen.

Register

garant Verlag GmbH, Renningen
www.garant-verlag.de

ISBN 978-3-86766-065-5